b⁵¹/4235

COUR DE CASSATION.—CHAMBRE CRIMINELLE.

MÉMOIRE

POUR

M. DE BOULLENOIS,

Propriétaire, Électeur de l'arrondissement de Vouziers (Ardennes),

DEMANDEUR EN CASSATION

D'UN ARRÊT RENDU PAR LA COUR D'ASSISES DES ARDENNES

LE 11 JANVIER 1847,

CONTRE

M. GASPARD LAVOCAT,

Ancien membre du conseil général de la Seine, et Député des Ardennes.

MÉMOIRE

POUR

M. DE BOULLENOIS,

CONTRE

M. GASPARD LAVOCAT.

M. de Boullenois vient demander la cassation d'un arrêt rendu par la Cour d'assises des Ardennes, le 17 janvier 1847, qui l'a condamné à 8 jours de prison, à 1,000 fr. d'amende et à 2,000 fr. de dommages-intérêts, comme coupable de diffamation contre un fonctionnaire public.

Cette condamnation, en effet, est le résultat d'une procédure irrégulière et nulle, et la suite d'un arrêt incident, qui a privé M. de Boullenois, en violation des droits de la défense, de la faculté de faire la preuve des faits diffamatoires qu'il avait imputés à un fonctionnaire et homme public, à l'occasion et à raison de ses fonctions.

FAITS.

A l'approche des élections générales qui se sont faites au mois de juillet 1846, M. de Boullenois a successivement publié et adressé aux électeurs de l'arrondissement de Vouziers deux écrits, dans lesquels, rappelant plusieurs faits de la vie publique de M. Lavocat, ancien

Député, et de nouveau candidat, il engageait celui-ci à donner des explications positives et concluantes sur ce que ces faits pouvaient laisser de douteux dans l'esprit des électeurs.

Nous ne dirons de ces écrits, et des faits qui s'y trouvent énoncés, que ce qui est relatif aux moyens de cassation.

Le premier de ces écrits contient deux parties bien distinctes. Dans l'une de ces parties, M. de Boullenois rappelle que M. Lavocat est intervenu d'une manière insolite, en jouant un rôle extrà ou quasi-judiciaire dans l'affaire Fieschi.

Dans l'autre, il reproche à M. Lavocat ses actes et sa conduite au conseil municipal, et surtout sa liaison et ses rapports avec M. Hourdequin. Nous transcrivons textuellement cette partie de ce premier écrit :

COUR D'ASSISES DE LA SEINE.

Affaire Hourdequin, Morin et autres. — Accusation de vol, de faux, de détournement de plans et minutes de la préfecture de la Seine, et de concussion.

Tous les journaux ont rendu compte du procès Hourdequin. Ce chef de bureau à la préfecture de la Seine avait sous sa direction le bureau de la grande voirie de la ville de Paris, et il profitait de sa position pour commettre les malversations les plus déshonorantes. Comme les débats l'ont prouvé, il avait donné une grande extension à ses relations criminelles ; il avait même, parmi le conseil municipal, des personnes assez complaisantes pour lui rendre compte, non-seulement de ce qui s'était dit pendant la réunion du conseil, mais encore qui poussaient l'obligeance jusqu'à le prévenir à chaque moment de ce que l'on disait pendant la délibération. Effectivement, il fallait à Hourdequin des renseignements aussi exacts, car voici comment cet employé agissait : S'il était question de percer une rue, percement qui devait quadrupler de suite la valeur du terrain, Hourdequin entrait aussitôt en marché avec les propriétaires de ces terrains, qui ignoraient les projets de la ville, et l'affaire était en suspens jusqu'au moment de la décision du conseil municipal. Or, si le conseil votait ce percement, Hourdequin, averti de ce qui se passait à l'intérieur, avait le temps de terminer le marché avant que les membres du conseil municipal fussent sortis de la séance, et par conséquent avant que ce nouveau projet fût divulgué ; comme tout le monde le sait, le conseil de la ville de Paris vote à la fois plusieurs millions.

M. le Président de la Cour d'assises, après avoir fait grand nombre de questions à Hourdequin, arrive à celle-ci :

M. le Président. — On a saisi chez vous un rapport adressé au conseil municipal, au dos duquel se trouvent des notes au crayon, qui paraissent avoir été prises pendant la délibération du conseil. On y retrouve, en effet, des mentions qui paraissent être l'analyse des opinions de plusieurs membres. Puis on y lit ces mots, qui sont d'une grande inconvenance et d'une grande indiscrétion : *un tel* dit telle chose, *un tel*, etc.; puis, plus loin : *Galis hurle* (on rit). Comment, au milieu d'une délibération sérieuse, lorsqu'il s'agit des intérêts de la ville et de régler les conditions d'un marché à forfait, peut-on se permettre d'écrire de telles choses? Savez-vous de qui sont ces notes au crayon? Ne sont-elles pas de la main de M. Lambert Sainte-Croix ? — R. Non, M. le Président. — D. De qui donc? — R. Je ne m'en souviens nullement.

M. le Président. — Je ne puis vous forcer à en faire l'aveu; mais ceci s'éclaircira plus tard.

Ainsi le conseil municipal était réuni, il s'agissait de délibérer sur des affaires très-importantes pour la ville de Paris : un homme, faisant partie du conseil, investi de la confiance de ses concitoyens, transmettait au dehors, d'instant en instant, les secrets de la délibération. Il écrivait au crayon de petites notes, afin de faire connaître à quel point en était la discussion : *un tel dit ceci, un tel a dit cela*, etc., et enfin *Galis hurle* ! M. Galis, membre du conseil municipal, hurlait, c'est-à-dire était contre le projet dont la réalisation était tant désirée par M. Hourdequin.

M. le Président a flétri celui qui avait écrit cela, et a demandé si ce n'était pas M. Lambert Sainte-Croix, membre du conseil municipal et notaire. Hourdequin répond que ce n'est pas M. Lambert Sainte-Croix, mais refuse de dire le nom de celui qui l'avait écrit. Donc, Hourdequin voyait en cela une affaire très-grave, et il ne voulait pas compromettre celui qui avait été si complaisant pour lui.

Effectivement, c'était une chose fort grave; et quels sont ceux parmi nous qui nommeraient de nouveau membre du conseil municipal celui qui aurait été capable de commettre une pareille faute ? Et que dirions-nous, si, sans rougir, l'auteur osait se présenter pour solliciter nos suffrages et briguer la députation !

Aussi, tous les journaux jetèrent feu et flamme contre celui qui s'était ainsi compromis.

De son côté, M. Lambert Sainte-Croix, montré au doigt par le Président, et compromis par les articles foudroyants des journaux, fit des recherches avec ses collègues, afin de reconnaître la main qui avait tracé ces lignes.

Le 11 novembre 1842, le *Siècle* s'exprime ainsi :

« Nous avons publié exactement le compte-rendu des débats qui s'agitent devant la Cour d'assises de la Seine, relativement au procès dans lequel se trouvent impliqués plusieurs employés de la préfecture. Nous apprenons que de ces comptes-rendus, et d'un article publié hier, on a cherché à tirer certaines inductions contre M. Lambert Sainte-Croix, conseiller municipal. Nous avons rapporté fidèlement les faits, nous devons, pour continuer le rôle d'impartialité que nous nous sommes tracé, mentionner une démarche honorable qui a été faite aujourd'hui dans nos bureaux.

« M. Lavocat, conseiller municipal, est venu nous déclarer qu'il était l'auteur du billet auquel on a pu rattacher les inductions dont nous parlions tout-à-l'heure, et nous devons dire que les explications dans lesquelles il est entré avec nous, sont de nature à mettre sa bonne foi et sa loyauté à l'abri de tout soupçon.

La communication dont il s'agit n'était qu'une réponse aux obsessions de M. Hourdequin, très-préoccupé de la discussion agitée dans le conseil, sur le service des carrières sous Paris. Dans l'esprit de M. Lavocat lui-même, cette communication était loin d'être désobligeante pour M. Galis, qu'il estime et qu'il honore entre tous ses collègues. Dès que l'existence de ce billet lui a été révélée par les débats, M. Lavocat s'est empressé d'*autoriser* M. Galis et M. Lambert Sainte-Croix à dire qu'il en était l'auteur; il vient, en outre, d'écrire à M. le Président des assises, pour lui faire savoir qu'il était prêt à donner à la Cour toute explication à ce sujet.»

C'était donc M. Lavocat qui était l'auteur de ces billets, et qui faisait hurler M. Galis ! C'était lui qui, complaisamment, transmettait au dehors les secrets de la délibération ; et, si M. Lavocat se sert de pareilles expressions contre M. Galis, qu'il estime et qu'il honore entre tous ses concitoyens, je lui demanderai la permission de ne pas lui en faire mon compliment.

Vous voyez, Messieurs, avec quelle naïveté le *Siècle* rend compte de la démarche de M. Lavocat près de lui ; c'était donc tout simplement une étourderie, une inconséquence de la part de M. Lavocat vis-à-vis d'un employé dont les malversations étaient si publiques, qu'elles l'ont conduit sur les bancs de la Cour d'assises.

Si M. Lavocat est venu faire cet aveu au *Siècle*, spontanément, et pour qu'une accusation ne pesât pas injustement sur un de ses collègues, je suis de l'avis du Président, sa conduite était d'une grande inconvenance et d'une grande indiscrétion.

Mais si, au contraire, M. Lavocat avait été forcé de se déclarer, parce que son écriture aurait été reconnue, et qu'étant sous le poids d'une dénonciation, il aurait préféré courir au-devant de l'affaire, faire des excuses à M. Galis et à M. Lambert Sainte-Croix, et venir conter une petite histoire au *Siècle* avec une bonne foi et une humilité apparentes, mettant tout le tort sur sa complaisance facile pour M. Hourdequin, et qu'ainsi il eût trompé tout le monde, oh! alors sa conduite serait inqualifiable.

Aussi je ne doute pas que M. Lavocat, pour se disculper de ce qu'il pourrait y avoir de douteux sur cette affaire dans l'esprit des électeurs et de tous, ne s'empresse de donner des preuves authentiques et surtout concluantes.

J'ai soin d'envoyer cette circulaire à l'avance, afin que M. Lavocat ait le temps d'y répondre ; mais si M. Lavocat répond, je compte qu'il le fera catégoriquement, sans s'écarter de la question.

Connaître la vérité, la faire connaître aux autres, voilà le seul motif qui m'a guidé.

Ernest DE BOULLENOIS.

Dans le second écrit, M. de Boullenois, revenant et insistant sur les mêmes faits, parle d'une tannerie dont M. Lavocat est propriétaire dans le 12ᵉ arrondissement.

Nous copions encore textuellement :

« M. Lavocat a pris la peine d'aller à Rethel demander un certificat à M. Mortimer Ternaux.

« Puisque M. le Député de Rethel veut bien obligeamment dire que l'affaire Hourdequin est représentée sous une couleur inexacte dans ma circulaire, je suis obligé d'insister sur cette scandaleuse affaire et d'attester de nouveau l'exactitude des faits.

« J'ajouterai que M. Lavocat avait une tannerie dans le 12e arrondissement : le terrain a peu de valeur dans ce quartier; la ville de Paris fit reculer le mur des ateliers de cet établissement. Je pourrais demander à M. Lavocat quelle somme il reçut pour indemnité. — Hourdequin était alors au bureau de la grande voirie.

(Procès Hourdequin, séance de la Cour d'assises du 8 novembre 1842.)

« On voit, d'après les débats, que, dans les questions faites par le Président, M. Lavocat, pendant les délibérations du conseil municipal, lorsqu'il s'agissait de régler les conditions d'un marché à forfait, transmettait au dehors, d'instant en instant, les secrets de la délibération.

« Courant d'avril 1846, M. Lavocat fut nommé colonel, quoique le septième sur la liste des candidats.

« Hourdequin a été grâcié fin d'avril 1846 !!! »

Le dernier fait, celui de la tannerie, était, sans contredit, ce qu'il y avait de plus grave dans l'attaque que M. de Boullenois, électeur, avait cru devoir diriger contre M. Lavocat, candidat.

Il est vrai que, dans ses deux écrits, M. de Boullenois se bornait, d'une part, à citer et à reproduire des faits qui tous avaient déjà été publiés par les journaux de Paris; que, d'autre part, il ne faisait qu'interroger, que demander des explications, sans rien affirmer et sans rien imputer lui-même; et que s'il mettait en doute le mérite de M. Lavocat, et ses droits à la confiance des électeurs, c'était seulement pour le cas où le candidat ne fournirait pas des explications honorables et satisfaisantes.

M. Lavocat ne l'a pas compris ainsi, et, persistant à refuser des explications, il a déposé une plainte en diffamation, en considérant une partie des faits publiés par M. de Boullenois comme des imputations portant atteinte à son honneur et à sa considération.

Nous mettons également sous les yeux de la Cour les termes mêmes de cette plainte. On y lit :

Cet écrit renferme contre le plaignant les accusations les plus odieuses, spécialement dans la partie intitulée : Cour d'assises de la Seine, affaire Hourdequin.

— 8 —

Il résulte de l'exposé fait sous ce titre par le sieur de Boullenois, que le plaignant aurait profité de sa position de membre du conseil général de la Seine pour s'entendre avec le nommé Hourdequin, employé à la préfecture du département, à l'effet d'obtenir soit DES AVANTAGES, soit des SOMMES D'ARGENT, notamment par suite des questions d'alignement vidées par le conseil ; d'avoir, étant dans l'exercice de ses fonctions, ou donné des renseignements ou informations à l'employé dont il s'agit, dans le but de préparer, faciliter et accomplir des concussions et malversations.

2° Un autre écrit, imprimé sur une feuille in-4°, datée de Senuc, du trente-un juillet 1846, des presses de Thomas, imprimeur à Vouziers, commençant par ces mots : « J'ai eu l'honneur de vous envoyer des renseignements sur la vie politique, etc., » et se terminant par ceux-ci : « Je ne réponds qu'aux écrits signés, » a été répandu dans la ville de Vouziers aujourd'hui. Cet écrit, signé Ernest de Boullenois, confirme les diffamations et outrages contenus dans le pamphlet précité, et, en outre, le plaignant y est présenté comme ayant, étant membre du conseil général de la Seine, *sollicité et obtenu une somme d'argent pour un terrain*, dit-on, de peu de valeur, alors que Hourdequin était au bureau de la voirie. L'insinuation calomnieuse est manifeste ; l'auteur de l'écrit fait entendre que le plaignant, abusant de sa position de membre du conseil général, aurait connivé avec l'employé pour faire un *bénéfice illicite*.

Ces publications par voie de la presse contiennent évidemment des outrages et des diffamations contre le plaignant, pour de prétendus faits commis soit dans l'exercice de ses fonctions de membre du conseil général de la Seine, soit à cause ou à propos de l'exercice de ses fonctions.

Pourquoi il requiert,

Vu les articles treize, quatorze et seize de la loi du dix-sept mai mil huit cent dix-neuf ;

Vu l'article premier de la loi du huit octobre mil huit cent trente,

Qu'il plaise au ministère public,

Traduire devant la Cour d'assises le sieur Ernest de Boullenois, pour y être jugé conformément à la loi, à raison des outrages et diffamations qui lui sont reprochés,

Et ce sera justice.

Signés G. LAVOCAT et JUVIGNY.

A l'appui des présentes, le requérant produit les deux imprimés énoncés et décrits ci-dessus, lesquels sont cotés et paraphés par lui et son avoué.

Dans cette plainte, M. Lavocat n'articule que les faits qui touchent à sa qualité de conseiller municipal et à ses rapports avec Hourdequin ; il qualifie ces faits d'outrages et de diffamations relatifs à ses fonctions de membre du conseil général de la Seine.

Il n'articule et ne qualifie aucun des faits publiés sur l'affaire Fiesch et il ne se plaint d'aucune façon d'avoir été injurié ou diffamé comme personne privée.

Malgré cette absence de plainte et d'articulation au sujet de l'affaire Fieschi, le ministère public poursuit et procède sur les deux parties des écrits incriminés ; mais, par ordonnance du 27 août 1846, la chambre du conseil écarte l'affaire Fieschi comme étrangère à la qualité de fonctionnaire public, et ne prononce le renvoi devant la chambre des mises en accusation que pour l'affaire Hourdequin.

Cette décision a été frapppée d'opposition et par le ministère public, et par M. Lavocat lui-même. Le ministère public, ne voyant dans tout l'écrit qu'un délit de diffamation et d'injures contre un particulier, demanda que toute la cause fût renvoyée devant le tribunal correctionnel. M. Lavocat, au contraire, soutenant qu'il avait été attaqué en sa qualité de Député, de conseiller municipal, de colonel de la garde nationale, aussi bien à l'occasion de l'affaire Fieschi qu'à l'occasion de l'affaire Hourdequin, conclut, pour le tout, au renvoi devant la Cour d'assises, en se fondant subsidiairement sur la connexité des deux délits.

Par arrêt du 17 septembre, la Cour royale de Metz (chambre des mises en accusation) se prononça dans le sens de ces conclusions subsidiaires. Elle considéra les écrits incriminés comme contenant à la fois des diffamations envers M. Lavocat, simple particulier, et des diffamations et outrages pour des faits relatifs à ses fonctions de membre du conseil municipal et du conseil général de la Seine ; et, se fondant sur la connexité, elle renvoya M. de Boullenois, sous la prévention des deux délits, devant la Cour d'assises du département des Ardennes.

Cet arrêt de la chambre des mises en accusation a été dénoncé à la Cour de cassation par M. le procureur-général de la Cour royale de Metz, mais le pourvoi a été rejeté par arrêt de la chambre criminelle du 20 novembre 1846.

Le 28 décembre, M. le procureur du roi de Charleville présenta son réquisitoire pour obtenir l'indication du jour auquel le prévenu pourrait être sommé de comparaître, et, par ordonnance du même jour,

M. le Président du tribunal, remplaçant M. le Président de la Cour d'assises, indiqua l'audience de la Cour d'assises du 16 janvier. Cette ordonnance, ainsi que le réquisitoire, ont été signifiés à M. de Boullenois, en même temps que l'arrêt de la Cour de cassation, par exploit du 30 décembre 1846.

Dans la huitaine de cette signification, et par acte du 6 janvier, M. de Boullenois a fait signifier à M. Lavocat les faits dont il entendait prouver la vérité, ainsi que les noms, professions et demeures des témoins appelés à en déposer.

Nous transcrivons textuellement les faits articulés dans cet acte :

Le requérant articule et entend prouver devant la Cour d'assises de Mézières, devant laquelle il a été renvoyé par arrêt de la Cour royale de la même ville, du dix-sept septembre dernier, confirmé par arrêt de la Chambre criminelle de la Cour de cassation du vingt novembre suivant :

1° Qu'il a été établi dans le procès Hourdequin que, pendant la délibération du conseil municipal de Paris, M. Lavocat, qui faisait alors partie de ce conseil, avait transmis à l'accusé Hourdequin des extraits de délibération par suite desquels ce dernier organisait les moyens de fraude dont il se rendait coupable au préjudice de la ville de Paris ;

2° Que, dans le procès Fieschi, Lavocat, en descendant de lui-même dans la prison de ce criminel, a rempli, ainsi que cela est établi au rapport dressé par M. Portalis, le rôle d'agent révélateur contrôlé ;

3° *Qu'à l'occasion* DU REDRESSEMENT ET DE LA CANALISATION DE LA BIÈVRE, *rivière limitrophe d'une propriété sise à Paris, appartenant à M. Lavocat, celui-ci, profitant de sa position de membre du conseil général de la Seine, s'est fait allouer une* VALEUR SUPÉRIEURE *à celle de la concession par lui faite.*

Desquels faits le requérant fera la preuve, tant par la notoriété publique, que par les témoins ci-après :

1° M. Maes, sous-directeur de la Compagnie d'assurance la Fraternelle, demeurant à Paris, rue d'Enfer, 87 bis ;

2° M. Antoine Bauban, entrepreneur de travaux publics et propriétaire, demeurant à Paris, rue de Ponthieu, n° 58 ;

3° M. Duval, inspecteur de l'assainissement de Paris, y demeurant, rue du Dragon, numéros 11 et 13 ;

4° M. de Fourcy, ingénieur ordinaire du service municipal de Paris, y demeurant, rue de Tournon, 23 ;

5° M. François Tanneveau, propriétaire et entrepreneur de maçonnerie, demeurant à Passy, rue Basse, n° 52 ;

6° M. Pierre-Hippolyte Vitry, propriétaire et marchand de vins, officier porte-drapeau de la douzième légion de la garde nationale de la Seine, demeurant à la gare d'Ivry, n° 6, commune d'Ivry.

Afin que M. Lavocat n'ignore, je lui ai sous toutes réserves à domicile, et parlant comme dessus, laissé copie...

Cette articulation des faits fut acceptée par M. Lavocat sans protestation ni réserve; il y répondit le 14 janvier, en notifiant à son tour les noms de deux témoins à décharge, et en faisant signifier à M. de Boullenois la copie de dix-neuf pièces, dont les cinq dernières, qui sont de toutes les plus importantes, se rapportent précisément aux travaux faits à la TANNERIE à *l'occasion de la canalisation de la Bièvre.*

La procédure ainsi mise en état, M. de Boullenois comparaît, le 16 janvier, devant la Cour d'assises des Ardennes. L'audience commence et les débats s'ouvrent sans incident; la liste des témoins cités à la requête des deux parties est lue sans aucune observation; mais tout change de face quand le second témoin est appelé à déposer.

Ce second témoin est M. Bauban, entrepreneur des travaux que la ville de Paris a fait exécuter pour la CANALISATION de la Bièvre. C'est à l'occasion de ces travaux que la ville a fait reculer un mur des ateliers de la tannerie de M. Lavocat, car cette tannerie, située dans le douzième arrondissement, donnant par devant sur la rue Pascal, et d'un côté sur la rue Saint-Hippolyte, touche, par derrière, à la Bièvre, dont les eaux coulent tout le long de cette propriété; M. Bauban, de même que M. Duval, inspecteur de l'assainissement de la ville de Paris, et M. de Fourcy, ingénieur ordinaire du service municipal, se trouvaient cités pour déposer sur les faits relatifs à ces travaux.

Ces témoins doivent donc dire ce qui s'est passé, ce qui s'est fait à l'occasion de la canalisation de la Bièvre; ils doivent parler de la *tannerie*, du *reculement* du mur, du *dommage* causé à M. Lavocat, des *indemnités* que celui-ci peut avoir obtenues, des travaux prescrits pour le compte de la ville, et des travaux exécutés *en sus* pour le seul avantage de la tannerie, sur les *ordres particuliers* et pour le *compte personnel* de M. Lavocat.

Peut-être ces témoins parleront-ils aussi de paiements faits ou *refu-*

sés, de sommes qui pouvaient être DUES par M. Lavocat, et de sommes RÉGLÉES par la ville qui ne les devait pas?....

Mais tout cela, M. le Président de la Cour d'assises ne pouvait et ne devait pas le savoir. M. Lavocat, au contraire, le prévoyait et le savait parfaitement. Pour lui, il était évident que le procès tout entier dépendait de la déposition de cette classe de témoins, et voici par quelle manœuvre il a su parvenir à empêcher l'audition de tous les témoins appelés à déposer sur les travaux de la canalisation de la Bièvre.

En apparence, M. Lavocat ne s'oppose pas à l'audition de ces témoins, il feint même de la désirer; mais, dans les conclusions qu'il fait prendre par son défenseur, il insinue qu'il y a une grande différence entre sa propriété sur la Bièvre, et sa tannerie, rue Saint-Hippolyte. Il affirme que les imputations dirigées contre lui ne se rapportent qu'à la rue Saint-Hippolyte, et soutient que tous les faits passés à l'occasion de la canalisation de la Bièvre, sont *étrangers à ceux* ARTICULÉS *par M. de Boullenois* (1).

Nous ne dirons pas qu'en agissant ainsi, M. Lavocat en a sciemment imposé à la justice; mais il n'en est pas moins certain que les con-

---

(1) La rivière de la Bièvre traverse la rue Saint-Hippolyte à l'endroit même où se trouve située la propriété de M. Lavocat, de sorte que l'angle de cette propriété touche à la fois à la Bièvre et à la rue Saint-Hippolyte.

Or, il résulte des pièces que M. Lavocat lui-même a fait signifier, et surtout d'une délibération du conseil municipal de Paris, du 16 décembre 1831, que la ville de Paris projetait, dès 1831, d'importants travaux dans le double intérêt de la canalisation de la Bièvre et de l'élargissement de la rue Saint-Hippolyte.

Les travaux de la rue Saint-Hippolyte ont été entrepris et exécutés dès cette époque. A l'occasion de ces travaux, il n'a pas été question des ateliers de la tannerie, parce que ces ateliers se trouvent situés, non du côté et le long de la rue Saint-Hippolyte, mais par derrière, et le long de la Bièvre. La ville fit alors de M. Lavocat l'acquisition d'une portion de sa maison longeant la rue Saint-Hippolyte, et M. Lavocat reçut une indemnité de 30,000 fr.

Mais les travaux de canalisation de la Bièvre n'ont, au contraire, été entrepris qu'en 1837, et exécutés en 1841; c'est ce qui résulte encore des pièces signifiées par M. Lavocat lui-même; et c'est par suite de ces travaux de canalisation qu'il a fallu toucher aux ateliers de la tannerie, et faire reculer un mur de ces ateliers, en même temps qu'il y eut entre M. Lavocat et la ville un échange de terrains tenant aux ateliers et aboutissant à la Bièvre.

clusions qu'il a fait prendre à Mézières, portent une triple atteinte à la vérité, car :

1° La propriété de M. Lavocat sur la Bièvre, et la tannerie de M. Lavocat, rue Saint-Hippolyte, sont une seule et même chose ;

2° Ni dans ses écrits, ni dans ses actes de procédure, M. de Boullenois n'a jamais nommé la rue Saint-Hippolyte ;

Et 3° dans les faits signifiés à M. Lavocat, M. de Boullenois avait, au contraire, expressément ARTICULÉ que c'était *à l'occasion du redressement et de la canalisation de la Bièvre* que M. Lavocat s'était fait allouer une valeur supérieure à celle de la concession par lui faite.

Du reste, ces conclusions de M. Lavocat furent présentées et développées avec une telle assurance, que tout Mézières dut croire qu'il y avait une lieue de distance entre la rue Saint-Hippolyte et la Bièvre. A quoi le défenseur de M. Lavocat ne craignit pas d'ajouter qu'on voulait faire une confusion volontaire de deux opérations séparées par un intervalle de dix ans, et que les travaux de canalisation de la Bièvre n'avaient été exécutés qu'en 1842, à une époque où M. Hourdequin n'était plus à la préfecture de la Seine.

Toutes ces allégations étaient inexactes et fausses. Mais, et M. Lavocat l'avait prévu, il était impossible de les vérifier à l'audience d'une Cour d'assises siégeant à soixante lieues de Paris, et elles suffirent, malgré toutes les protestations de M. de Boullenois, pour tromper la religion des magistrats, et pour surprendre la conscience du jury.

Voici les termes dans lesquels le procès-verbal de la séance rend compte de cet incident :

> Le deuxième témoin cité à la requête du prévenu ayant, avant de commencer sa déposition, déclaré n'avoir connaissance que de faits relatifs à la CANALISATION de la rivière de Bièvre, M. le Président fait observer que ce fait est étranger à L'ARTICULATION du sieur de Boullenois, qu'il ne fait pas partie de ceux compris dans l'arrêt de renvoi, et que, par conséquent, ce témoin, comme tous ceux qui auraient été appelés pour déposer sur ce chef, ne doivent pas être entendus.
>
> Le défenseur du prévenu pose et développe des conclusions tendant à ce qu'il plaise à la Cour ordonner que la preuve des faits qui se rattachent à la canalisation de la Bièvre sera admise.
>
> Le procureur général requiert qu'il plaise à la Cour ordonner que le prévenu

ne sera admis à faire la preuve que des faits énoncés dans l'arrêt de mise en prévention.

Et a signé, *Signé* : E. Decoux.

« Le défenseur de la partie civile conclut, bien que les faits qui se seraient passés à l'occasion de la canalisation de la Bièvre soient étrangers à ceux ARTICULÉS par le sieur de Boullenois contre M. Lavocat, à ce que les débats s'établissent aussi bien sur ces faits que sur ceux qui se rapportent à l'élargissement de la rue Saint-Hippolyte, et dont il était seulement question jusqu'à ce jour.

« Après les répliques des avocats, la Cour a délibéré en chambre du conseil, et revenue ensuite dans l'auditoire, en présence du public, du prévenu, de la partie civile et de leurs défenseurs, le Président a prononcé l'arrêt suivant :

« Attendu qu'aux termes de l'art. 21 de la loi du 26 mai 1819, le diffamateur, admis à faire la preuve des faits de diffamation, doit les articuler, et ne peut prendre articulation que dans les faits retenus dans l'arrêt de mise en prévention;

« Attendu que l'art. 23 de la même loi autorise le diffamé à faire preuve de sa moralité et défend, par contre, de prouver contre cette même moralité ; qu'on arriverait cependant à ce but en admettant les témoins proposés par le prévenu ;

« Attendu enfin qu'il importe que les débats ne soient point entravés par la discussion de faits qui sont étrangers aux véritables points à juger ;

« Attendu que les témoins produits par le prévenu n'ont, de son propre aveu, connaissance que de faits autres que ceux retenus en l'arrêt de renvoi ;

« Ouïs les défenseurs en leurs conclusions respectives et M. le procureur général en ses réquisitions,

« La Cour dit que les témoins Bauban, Duval et de Fourcy ne seront point entendus et qu'il sera passé outre aux débats. »

Privé de la sorte de son principal moyen de défense, empêché par cet arrêt incident de faire la preuve des faits qu'il avait avancés, M. de Boullenois se trouvait hors d'état de justifier ses intentions et sa véracité. Aussi le jury a-t-il répondu affirmativement à toutes les questions, et M. de Boullenois s'est vu condamner, comme coupable du délit de diffamation, à huit jours de prison, à 1,000 francs d'amende et à 2,000 fr. de dommages-intérêts.

Le pourvoi que M. de Boullenois a formé contre cet arrêt se fonde sur les deux moyens suivants :

1° Violation de l'art. 15 de la loi du 26 mai 1819, et de l'art. 2 de la loi du 8 avril 1831, en ce que la Cour d'assises a prononcé sur une prévention dont elle n'était saisie que d'une manière irrégulière et nulle, par un arrêt de renvoi, par un réquisitoire du ministère public, et par une citation, qui ne contenaient aucune ARTICULATION des faits, à raison desquels la prévention avait été poursuivie et prononcée.

2° Violation des art. 20 et 21 de la loi du 26 mai 1819, en ce que M. de Boullenois a été empêché de faire la preuve d'un fait diffamatoire qu'il avait imputé à M. Lavocat, bien que ce fait, relatif aux fonctions de conseiller municipal de Paris, eût été ARTICULÉ dans la plainte de M. Lavocat et dans les réquisitoires du ministère public, devant la chambre du conseil et devant la chambre d'accusation, et bien que M. de Boullenois eût lui-même articulé ce fait et en eût offert la preuve dans la forme et dans le délai prescrit par la loi.

DISCUSSION. — *Premier Moyen.*

Nos lois sur la presse exigent, à peine de nullité, l'articulation et la qualification de chacun des faits qui sont l'objet de la plainte ou de la poursuite.

Elles ne permettent plus d'incriminer un écrit en masse, ou d'en signaler quelques parties d'une manière vague.

Et de même que le législateur a défini avec le plus grand soin ce qui constitue ou l'injure, ou l'outrage, ou la diffamation, etc.; de même le poursuivant est tenu de faire connaître avec exactitude quels sont les faits, et quels sont les délits sur lesquels le prévenu est appelé à se défendre.

L'articulation préalable des faits est nécessaire, dans l'intérêt de la défense et dans l'intérêt de la justice, car elle garantit le juge contre les erreurs et les surprises, et elle garantit le prévenu contre les manœuvres et les pièges d'un plaignant trop habile.

Le législateur a lui-même indiqué la grande importance de cette formalité, en la prescrivant partout à peine de nullité, et il est impossible de trouver des textes plus positifs et plus précis que ceux que nous invoquons à l'appui de ce moyen de cassation.

La loi du 26 mai 1819, porte :

Art. 6. — « *La partie publique, dans son réquisitoire, si elle
« poursuit d'office, ou le plaignant dans sa plainte, seront tenus
« d'*ARTICULER *et de* QUALIFIER *les provocations, attaques, offenses,
« outrages, faits diffamatoires ou injures à raison desquels la pour-
« suite est intentée, et ce, à peine de nullité de la poursuite.* »

Art. 15. — « *Sont tenues, la chambre du conseil du tribunal de
« première instance, dans le jugement de mise en prévention, et la
« chambre des mises en accusation de la Cour royale, dans l'arrêt
« de renvoi devant la Cour d'assises, d'*ARTICULER *et de* QUALIFIER *les
« faits à raison desquels les dits préventions ou renvoi sont pronon-
« cés, à peine de nullité des dits jugement ou arrêt.* »

Et voici comment s'exprime la loi du 8 avril 1831 :

Art. 2. — « *Le ministère public adressera son réquisitoire au
« Président de la Cour d'assises, pour obtenir l'indication du jour
« auquel le prévenu sera sommé de comparaître.*

« *Il sera tenu d'*ARTICULER *et de* QUALIFIER *les provocations, atta-
« ques, offenses, outrages, faits diffamatoires ou injures, à raison
« desquels la poursuite est intentée, et ce, à peine de nullité de la
« poursuite.* »

Au mépris de ces dispositions de loi si expresses, M. de Boullenois
a été traduit devant la Cour d'assises, en vertu d'un arrêt de renvoi et
d'un réquisitoire du ministère public, qui ne contiennent aucune ARTI-
CULATION. Nous transcrivons en entier l'un et l'autre de ces actes :

ARRÊT DE RENVOI.

« Attendu que de la procédure, il résulte des présomptions suffisantes que Charles-
Auguste-Ernest de Boullenois s'est rendu coupable, dans les derniers jours du
mois de juillet, et au commencement du mois d'août de cette année, à Vouziers,

« 1º De diffamations, rendues publiques par la voie de la presse, envers Gaspard
Lavocat, comme simple particulier, en publiant un imprimé in-octavo, en quatorze
pages, commençant par ces mots : « Aux électeurs de l'arrondissement de Vouziers,
sur la candidature de M. Lavocat, » et finissant par ceux-ci : « Voilà le seul motif
qui m'a guidé ; »

« Lequel imprimé, depuis la page deux jusqu'à la page huit inclusivement,
contient contre Lavocat, à l'occasion de l'affaire Fieschi, des allégations ou impu-

tations de faits qui portent atteinte à l'honneur ou à la considération du dit Lavocat ;

« 2° De diffamations et d'outrages, rendus publics par la voie de la presse, envers le dit Gaspard Lavocat, pour des faits relatifs aux fonctions publiques de membre du conseil municipal de Paris et du conseil général de la Seine, que Gaspard Lavocat a exercées, en publiant et distribuant le même imprimé in-octavo susdésigné, et un autre imprimé in-quarto commençant par ces mots : « Messieurs et chers concitoyens, j'ai l'honneur de vous envoyer, » et finissant par ceux-ci : « Je ne réponds qu'aux écrits signés ; » lesquels imprimés contiennent, le premier, depuis la page huit jusqu'à la page treize inclusivement, c'est-à-dire depuis ces mots : « Cour d'assises de la Seine, » jusqu'à ceux-ci compris : « Alors, la conduite serait inqualifiable ; » et le second, au verso du feuillet, depuis ces mots : « Puisque le député de Rethel, » jusqu'à ceux-ci inclusivement : « Hourdequin a été gracié, fin d'avril mil huit cent quarante-six, » contre Gaspard Lavocat, à l'occasion du procès Hourdequin, des allégations ou imputations de faits de nature à porter atteinte à l'honneur ou à la considération du dit Lavocat ;

« Attendu que toute diffamation envers un membre du conseil municipal et d'un conseil général, pour des faits relatifs à ses fonctions, constitue bien la diffamation envers un fonctionnaire, dans le sens de l'article seize de la loi du dix-sept mai mil huit cent dix-neuf, puisque les fonctions de ce dernier, loin de ne concerner que des intérêts privés, se lient essentiellement à des intérêts généraux ;

« Attendu que les délits de diffamation et d'outrage ci-dessus spécifiés, sont prévus et réprimés par les articles premier, treize, quatorze, dix-huit et seize de la loi du dix-sept mai mil huit cent dix-neuf; six de la loi du vingt-cinq mars mil huit cent vingt-deux; cinq, six et vingt de la loi du vingt-six mai mil huit cent dix-neuf; premier et quatre de la loi du huit octobre mil huit cent trente ;

« Attendu que le délit de diffamation, par une voie de publication quelconque, contre un particulier, est, aux termes des lois précitées, de la compétence du tribunal de police correctionnelle ; que le délit de diffamation, par la même voie, contre un fonctionnaire public, dépositaire ou agent de l'autorité publique, pour des faits relatifs à ses fonctions, est attribué à la juridiction de la Cour d'assises ;

« Que, dans l'espèce, il y a connexité entre ces deux délits, aux termes des articles deux cent vingt-six et deux cent vingt-sept du Code d'instruction criminelle ; que, d'ailleurs, la jonction est commandée par la bonne administration de la justice ;

« La Cour, statuant sur le réquisitoire du procureur général du Roi, reçoit l'opposition de Lavocat à l'ordonnance de compétence du tribunal de Vouziers, du vingt-sept août mil huit cent quarante-six,

« Infirme cette ordonnance, en ce qu'elle n'a déclaré la prévention suffisamment établie que par rapport au chef de diffamation et d'outrage, par la voie de la presse, envers Lavocat, pour des faits relatifs à ses fonctions de membre du conseil municipal de Paris et du conseil général du département de la Seine, tandis qu'il existe un second chef de prévention, celui de diffamation envers un simple particulier ;

« Dit que les deux délits sont connexes, et renvoie de Boullenois (Charles-Auguste-Ernest) par-devant la Cour d'assises du département des Ardennes, pour y être jugé suivant la loi. »

RÉQUISITOIRE DU PROCUREUR DU ROI.

Le procureur du Roi près le tribunal du chef-lieu judiciaire de Charleville, et la Cour d'assises des Ardennes, vu l'arrêt rendu par la Cour royale de Metz, chambre des mises en accusation, le 17 septembre dernier, qui renvoie le sieur Auguste-Ernest de Boullenois, propriétaire, demeurant à Paris, rue de Beaune, n° 4 *ter*, devant la Cour d'assises des Ardennes, sous prévention de diffamation publique par la voie de la presse, envers un ancien membre du Conseil municipal de Paris, et du Conseil général de la Seine, pour des faits relatifs à ses fonctions; et en outre, du même délit commis envers un particulier,

Vu l'arrêt de la Cour de cassation, du 20 novembre suivant, qui rejette le pourvoi du ministère public contre le dit arrêt; vu aussi l'article 47 de la loi du 17 mai 1819, requiert qu'il plaise à M. le Président du tribunal, pour cause d'empêchement de M. le Président des assises, fixer les jour et heure auxquels le dit sieur de Boullenois et le sieur Gaspard Lavocat, parties civiles, pourront être assignés à se présenter devant la Cour saisie, pour voir procéder au jugement du procès. Au parquet, le vingt-huit décembre mil huit cent quarante-six, signé Martin.

Vu, indiquons aux fins du réquisitoire ci-dessus, le samedi seize janvier prochain. Fait pour l'empêchement de M. le Président des assises, ce vingt-huit décembre mil huit cent quarante-six. Signé illisiblement.

CITATION DIRECTE.

L'an mil huit cent quarante-six, le trente décembre,

A la requête de M. le procureur du Roi près le tribunal de première instance de l'arrondissement de Charleville, et la Cour d'assises des Ardennes, pour lequel domicile est élu en son parquet, poursuite et diligence de M. le procureur du Roi près le tribunal civil de la Seine, séant à Paris,

J'ai, Jean-François Maricot, huissier audiencier au tribunal de la Seine, demeurant à Paris, rue Barre-du-Bec,

Soussigné signifié et laissé copie à M. Charles-Auguste-Ernest de Boullenois, propriétaire, demeurant à Paris rue de Beaune, n° 4 *ter*, en son domicile, parlant à la concierge de la maison; et par copie séparée, à M. Lavocat, dénommé en l'original.

De l'extrait de l'arrêt de la Cour de cassation, du réquisitoire de M. le procureur du Roi de Charleville, et de l'ordonnance de M. le Président du tribunal de la dite ville, sus-transcrits à ce qu'il n'en ignore;

Et à même requête que ci-dessus, je lui ai, en son domicile, donné assignation à comparaître le samedi seize janvier prochain, à huit heures du matin, au Palais-de-Justice, à Mézières, devant MM. les Président et juges tenant la Cour d'assises du département des Ardennes;

Pour voir procéder aux fins de l'arrêt rendu par la Cour royale de Metz, chambre des mises en accusation, le dix-sept septembre dernier, et à lui signifié le vingt-un du même mois, par exploit de Guinard, huissier à Paris, lequel arrêt l'a renvoyé devant la dite Cour, sous prévention de diffamation et d'outrage publics, par la voie de la presse, envers un membre du Conseil municipal de Paris et du Conseil général de la Seine, pour des faits relatifs à ses fonctions, et, en outre, du délit connexe de diffamation publique, par la même voie envers un particulier.

Et je lui ai, sous toutes réserves, en son domicile, et parlant comme dessus, laissé cette copie.

Ces actes, comme on le voit, contiennent seulement la *qualification* des faits, c'est-à-dire l'indication des délits reprochés à M. de Boullenois ; mais aucun d'eux ne contient l'ARTICULATION des FAITS qui devaient, selon la prévention, constituer, établir et prouver ces délits.

Or, si, en général, la qualification des faits peut être aussi importante que l'articulation, on peut dire qu'en matière de diffamation, l'articulation est de beaucoup plus importante encore que la qualification, car dès qu'il s'agit de faits imputés à un fonctionnaire public à raison de ses fonctions, l'articulation des faits devient le pivot de l'accusation et de la défense ; c'est même dans cette articulation que se concentre toute l'importance du procès, puisque c'est dans cette articulation que le prévenu doit prendre les faits dont il a le droit de prouver la vérité (article 21 de la loi du 19 mai 1819), et puisque, s'agissant de faits qui touchent aux intérêts généraux soit de l'État, soit de la cité, la société tout entière a le droit de savoir si les faits imputés sont vrais ou faux, en même temps que l'honneur du fonctionnaire attaqué exige lui-même qu'il ne reste ni obscurité ni incertitude sur les reproches dont le fonctionnaire croit pouvoir se justifier.

Ce qui s'est passé dans ce procès justifie, d'ailleurs, mieux que tous les raisonnements, l'absolue nécessité de cette formalité, car l'arrêt incident qui a privé M. de Boullenois du droit de prouver une partie des faits imputés, se fonde sur l'unique motif que les faits *« sont autres que ceux retenus en l'arrêt de renvoi. »*

En droit, ce motif est irréprochable, et la Cour d'assises est parfaitement dans le vrai, quand elle rappelle, en tête de son arrêt incident, que le diffamateur ne peut prendre l'articulation des faits à prouver que dans les faits retenus dans l'arrêt de mise en prévention.

Mais le législateur suppose qu'il existe dans la procédure un arrêt de renvoi conforme à la loi, et non point, comme dans l'espèce, un arrêt sans aucune ARTICULATION. Il serait, en effet, peu raisonnable de vouloir imposer au prévenu l'obligation de prendre ses faits à prouver dans une articulation de faits qui n'existe pas. En pareille situation, l'arrêt de renvoi ne peut, sans doute, pas servir de règle pour la preuve à recevoir ou à refuser ; mais, au lieu d'en conclure que l'accusé est déchu du droit de faire la preuve des faits imputés, il est plus naturel, plus juste et plus logique, de s'en tenir au texte de la loi qui, loin de prononcer aucune déchéance contre l'accusé, annulle l'arrêt de renvoi et toute l'accusation à laquelle il sert de base.

Cette nullité de l'arrêt de renvoi est fondée sur le texte de la loi ; elle aurait été couverte peut-être, si M. de Boullenois avait trouvé une articulation des faits diffamatoires dans la citation directe, ou dans le réquisitoire du procureur du roi signifié en tête de cette citation. Mais, comme on l'a vu, ces deux actes ne contiennent également aucune articulation quelconque de faits d'injures, d'outrages ou de diffamation, de sorte que l'accusation et la procédure se trouvent, même sous ce rapport, entachées de nullité, aux termes positifs de l'art. 2 de la loi du 8 avril 1831. (*Arrêt de la chambre criminelle, du 13 juillet* 1832. Dall. 33, I, 24.)

Cette double nullité, il est vrai, n'a point été proposée devant la Cour d'assises ; mais elle était d'ordre public et devait, d'office, être prononcée par les juges, dès qu'il s'agissait d'une poursuite pouvant donner lieu à la preuve des faits diffamatoires, puisque cette preuve, qui constitue le moyen le plus péremptoire de la défense, devenait impossible par suite de la nullité des actes fondamentaux de la poursuite.

On ne peut d'ailleurs pas opposer à M. de Boullenois le délai et la déchéance indiqués dans l'art. 296 du Code d'instruction criminelle pour la demande en nullité des arrêts de renvoi en matière criminelle ; car M. de Boullenois n'ayant pas été interrogé, n'a pas reçu l'avertissement, qui seul fait courir le délai de cinq jours fixé par cet article. (*Arrêt de la chambre criminelle, du 4 août* 1831. Dall. 31, I, 301.)

Et puis, il ne faut pas l'oublier, c'est d'office que la Cour d'assises a opposé à M. de Boullenois le moyen tiré de l'arrêt de renvoi, car M. Lavocat ne l'avait pas invoqué et ne l'avait pas proposé. M. Lavocat s'en référait simplement aux articulations signifiées, et, dans ses conclusions, il a même expressément consenti à la preuve des *faits relatifs à la canalisation de la Bièvre.*

La Cour d'assises n'a donc tenu aucun compte des acquiescements et consentements donnés par les parties. Elle a considéré comme absolu, et comme d'ordre public, tout ce qui se rattache à L'ARTICULATION des faits. Or, si cette doctrine est vraie, il faut, pour être conséquent, admettre aussi que rien n'a pu couvrir le vice et la nullité de l'arrêt de renvoi, et c'est bien le moins, en effet, que la balance soit égale entre le plaignant et l'accusé.

DEUXIÈME MOYEN.

M. de Boullenois ne présente ce deuxième moyen que très-subsidiairement, pour le cas où, contre toute attente, la Cour de cassation croirait ne pas devoir prononcer la nullité de toute la poursuite.

Dans ce cas, en effet, et pour que l'arrêt de renvoi pût être considéré comme valable, il faudrait supposer que cet arrêt a pu se référer implicitement aux autres actes de la procédure, et il faudrait alors suppléer à ce qui manque dans cet arrêt par les articulations contradictoiremnt faites par les parties.

Ce mode de procéder n'est peut-être pas entièrement légal, mais il est du moins conforme à l'équité et à la bonne foi, et quand tout le monde devant la Cour d'assises feignait de l'accepter, et même de l'invoquer, il ne pouvait pas être repoussé par M. de Boullenois, pour qui le procès et la lutte ne se sont toujours présentés que comme une question d'honneur et de vérité.

Dans l'acte signifié à M. Lavocat, le 6 janvier, M. de Boullenois avait expressément articulé : « 3° *qu'à l'occasion du* REDRESSEMENT « *et de la* CANALISATION *de la* BIÈVRE, *rivière limitrophe d'une pro-*

« *priété sise à Paris, appartenant à M. Lavocat, celui-ci, profitant*
« *de sa position de membre du conseil de la Seine, s'est fait al-*
« *louer une valeur supérieure à celle de la concession par lui*
« *faite.* »

Or, c'est ce fait, si positivement articulé, que M. de Boullenois a été empêché de prouver, puisque M. le Président, et après lui la Cour d'assises, se sont opposés à l'audition de tous les témoins qui devaient déposer *des faits relatifs à la canalisation de la rivière de Bièvre.*

Induit en erreur par M. Lavocat, M. le Président de la Cour d'assises avait d'abord fait observer que le fait à prouver était étranger à l'articulation du sieur Boullenois. Mais cette objection, que M. Lavocat n'a pas craint d'insérer dans ses conclusions, et qu'il a fait soutenir avec une grande hardiesse par son défenseur, se trouvait démentie par le texte de la signification du 6 janvier, mise sous les yeux de la Cour d'assises. Aussi cette objection ne se trouve-t-elle d'aucune façon reproduite dans l'arrêt incident, lequel, ainsi que nous l'avons déjà dit, se fonde uniquement sur ce que le fait à prouver ne se trouvait pas articulé dans l'arrêt de renvoi.

Il est donc bien constant, il est même authentiquement et judiciairement prouvé que le fait avait été articulé par M. de Boullenois.

Reste à examiner si ce fait se trouvait compris dans les imputations que M. Lavocat avait lui-même considérées et articulées comme diffamatoires.

Sur ce point encore, l'arrêt incident garde le plus complet silence ; il ne dit et il ne constate pas que le fait à prouver fût étranger aux faits imputés.

Et comment la Cour d'assises aurait-elle pu le dire, alors que, dans sa plainte, M. Lavocat avait expressément articulé que M. de Boullenois lui imputait : « d'avoir profité de sa position de membre
« du conseil général de la Seine pour s'entendre avec Hourdequin, à
« l'effet d'obtenir, *soit des avantages*, soit des sommes d'argent, no-
« tamment par suite des questions d'alignement, etc., etc. ;

« D'avoir *sollicité* et *obtenu* une *somme d'argent pour un terrain* de
« peu de valeur, alors que Hourdequin était au bureau de la voirie ;

« D'avoir connivé avec l'employé Hourdequin, pour faire un *bé-*
« *néfice illicite ?* »

Cette imputation, ainsi articulée par M. Lavocat, ne se trouvait pas
sans doute exprimée en des termes aussi affirmatifs dans les écrits incriminés, puisque M. de Boullenois s'y était borné à de simples interrogations. Mais c'est M. Lavocat lui-même, c'est le ministère public
en première instance, et le ministère public près la Cour royale, qui
ont donné cette interprétation aux allusions et aux interrogations que
M. de Boullenois s'était permises.

C'est sur cette interprétation, reproduite en termes identiques ou
analogues, dans les divers degrés de juridiction, que M. de Boullenois
s'est trouvé renvoyé devant la Cour d'assises ; et c'est par conséquent
sur cette interprétation, telle qu'elle a été présentée et articulée par le
plaignant et par le ministère public, que M. de Boullenois était appelé
à se défendre.

Dans cette situation, sans doute, M. de Boullenois avait encore le
choix de la défense ; il pouvait prétendre et soutenir que cette interprétation était exagérée et inexacte ; que ses allusions et ses interrogations avaient été mal comprises ; qu'il n'avait jamais eu la pensée
d'imputer un pareil fait à M. Lavocat ; et c'est effectivement ce que
M. de Boullenois aurait été heureux de dire, même devant la Cour
d'assises, si M. Lavocat avait voulu ou pu donner des explications satisfaisantes sur les faits rappelés dans les écrits incriminés ;

Mais dès l'instant que M. Lavocat se refusait à toute explication, il
effaçait lui-même ce qu'il y avait eu d'hypothétique et d'alternatif
dans les interrogations, et, dès ce moment, il eut été contraire au
caractère et à l'honneur de M. de Boullenois de recourir à un misérable subterfuge pour désavouer ce qu'il avait annoncé devoir être
vrai, dans le cas où il n'y aurait pas, de la part de M. Lavocat, des
explications nettes, précises et satisfaisantes.

M. de Boullenois n'a donc pas contesté les interprétations du plaignant et du ministère public. Il a loyalement accepté leurs articulations, dans les termes mêmes dans lesquels ces articulations se trouvaient faites, et c'est pour répondre à ces articulations, c'est pour en prouver toute la vérité, qu'il a lui-même précisé l'imputation dans l'acte signifié à M. Lavocat le 6 janvier.

Cette articulation nouvelle, faite conformément à la loi, répond directement et complètement à l'articulation primitive de M. Lavocat ; seulement cette articulation nouvelle, *précisant le fait*, mettait ainsi M. Lavocat en état de se défendre par la preuve contraire, et ce n'est certes pas dans la plus grande précision du fait imputé qu'on pourrait trouver un prétexte pour en refuser la preuve.

Du reste, M. Lavocat ne s'y est pas trompé. Il a parfaitement compris et accepté le fait articulé par M. de Boullenois ; il s'est empressé de faire signifier toute une série de pièces relatives aux travaux de REDRESSEMENT et de CANALISATION de la Bièvre ; et, tandis qu'on défendait à M. de Boullenois de faire entendre les témoins qui avaient eu une connaissance personnelle de ses travaux, et qui les avaient eux-mêmes exécutés ou fait exécuter, M. Lavocat et son défenseur montraient des certificats de complaisance délivrés à la préfecture de la Seine, et se plaisaient à étaler aux yeux du jury et de la Cour d'assises toutes sortes d'actes, au nombre desquels se trouvait un titre apocryphe, qui n'en avait pas moins été signifié comme la copie d'un titre authentique.

Ces pièces signifiées, et qui font partie de la procédure judiciaire aujourd'hui soumise à l'examen de la Cour de cassation, ne sont pas indifférentes pour la décision des questions que présente le pourvoi.

Elles avaient évidemment été préparées et arrangées par M. Lavocat, pour faire croire aux magistrats de la Cour d'assises, contrairement à toute vérité, que les travaux relatifs à la Bièvre n'avaient été faits et commencés qu'en 1842, à une époque où Hourdequin n'aurait plus été à la préfecture de la Seine ; d'où l'on tirait la conséquence que les allusions contenues dans les écrits incriminés ne pouvaient se rapporter qu'à l'élargissement de la rue Saint-Hippolyte, entrepris et exécuté dès l'année 1831.

C'est pour cela qu'un M. Frédéric de Boullenois, attaché au cabinet de la préfecture de la Seine, délivrait, en cette qualité, une lettre du 20 août 1846, dans laquelle ce Monsieur imagine de rappeler comme un RECULEMENT l'acquisition que la ville a faite, en 1831, d'une partie de la maison de M. Lavocat ; et c'est pour cela, sans doute, que M. Lavocat attribue vaguement la date de 1842, sans indication de jour et de mois, à un acte relatif aux travaux de la Bièvre, acte dont M. le préfet de la Seine a positivement refusé de faire connaître ni la date véritable, ni l'enregistrement, ni la transcription au bureau des hypothèques.

Malgré ce refus assez étrange, il ne peut plus rester aujourd'hui ni doute ni équivoque.

Et d'abord, en fait, M. de Boullenois n'a jamais parlé des travaux de la rue Saint-Hippolyte ; il n'a même jamais nommé cette rue, ni dans son premier écrit, ni dans son second, ni dans son articulation signifiée. Dès lors, personne n'avait le droit de prétendre qu'il eût plutôt fait allusion aux travaux de la rue Saint-Hippolyte qu'à ceux de la Bièvre ; et, si même son imputation avait pu être considérée comme générale et vague, c'eût toujours été à M. de Boullenois à l'expliquer et à la préciser, pour pouvoir être admis à la prouver, et c'est ce que M. de Boullenois a fait, sans équivoque, dans son acte d'articulation.

Mais, dans le second écrit incriminé, l'imputation n'était déjà plus ni vague ni générale, car dans cet écrit il est positivement parlé du *reculement,* non d'une maison d'habitation, mais d'un *mur des ateliers de la tannerie.*

Or, ces ateliers sont situés sur les bords de la Bièvre ; c'est sur les bords de la Bièvre que se trouvait le mur qui a été reculé ; ce *reculement* n'a donc pu avoir lieu qu'à l'occasion du redressement et de la canalisation de la Bièvre ; et l'état des lieux, que chacun peut examiner, constate, sans réplique, ce fait matériel sur lequel il n'y a pu y avoir d'équivoque qu'à Mézières.

Il n'est donc pas vrai, il est donc complètement faux que M. de Boullenois ait jamais parlé ou voulu parler des travaux de la rue Saint-Hippolyte ; il n'a parlé, il n'a pu parler que des travaux relatifs à la Bièvre. Or, à quelle époque ont été exécutés ces travaux ?

C'est ce que pouvaient et c'est ce que devaient faire connaître les témoins. C'est ce que, jusque-là, personne ne devait peut-être affirmer ou préjuger.

Mais c'est précisément pour empêcher l'audition de ces témoins, que M. Lavocat a fait plaider devant la Cour d'assises, et qu'à la suite de cette plaidoirie, M le procureur-général a cru pouvoir affirmer à son tour, que les travaux de la Bièvre n'avaient été entrepris et exécutés qu'en l'année 1842, à une époque où Hourdequin avait déjà quitté la préfecture de la Seine.

Or, et nous regrettons d'être obligé de le dire, M. le procureur-général a, de la sorte, été induit dans la plus complète erreur ; et, sous ce rapport encore, M. Lavocat a fait plaider ce qu'il devait savoir être complètement inexact et faux, car tous les travaux faits par l'entrepreneur Bauban, ont été exécutés en l'année 1841. Ces travaux ont été commencés le 19 avril 1841, et terminés le 17 décembre 1841 ; c'est ce que constate le mémoire de cet entrepreneur, déposé à la Cour des comptes, à l'appui du mandat n° 12,207, chap. 25, art. 40 de l'exercice 1842.

Ce mandat est le premier du dossier de l'art. 40, liasse n° 25, compte du trésorier de la ville de Paris, gestion 1843.

Donc l'entrepreneur Bauban, et les autres témoins que la Cour d'assises a refusé d'entendre, se présentaient pour déposer de faits passés en 1841 et non en 1842 ; et c'est par un inconcevable oubli de la vérité que M. Lavocat a soutenu que les faits relatifs à la CANALISATION de la Bièvre s'étaient tous passés à une époque où Hourdequin avait déjà quitté la préfecture de la Seine.

Hourdequin, en effet, n'a quitté les bureaux de la préfecture que le jour de son arrestation, c'est-à-dire le 31 janvier 1842. C'est ce que constate une lettre de M. le procureur-général de Paris, adressée au défenseur de M. Lavocat, le 12 janvier 1847, et signifiée à M. de Boullenois, à la requête de M. Lavocat lui-même (pièce produite).

Hourdequin se trouvait donc encore dans le plein exercice de ses fonctions à la préfecture de la Seine, en 1841, durant les mois d'avril, mai, juin, juillet, août, septembre, octobre, novembre et décembre, mois pendant lesquels se sont exécutés les travaux de la Bièvre. Il s'y trouvait surtout dans les mois d'octobre et de novembre, car c'est durant la session de novembre qu'il reçut de M. Lavocat, siégeant au conseil municipal, ces indiscrètes confidences portant : *un tel dit ceci, un tel dit cela*, et *Galis hurle*.— Or, qui le sait ? —c'est peut-être à la même époque, c'est peut-être le jour même où M. Lavocat avait, à l'Hôtel-de-Ville, de si coupables complaisances pour M. Hourdequin, que M. Lavocat obtenait, de son côté, des avantages plus ou moins considérables pour sa tannerie, en faisant exécuter des travaux dont la confection et le prix ne seraient pas tombés à la charge de la ville, sans une réciprocité de complaisances qui ne s'est jamais démentie ?

Ne serait-ce pas aussi au mois d'octobre ou de novembre 1841 qu'aurait été construite cette fosse d'aisance, dont parle M. le préfet de la Seine dans une lettre du 9 janvier 1847 (lettre produite), et dont la ville avait, pendant cinq ans, refusé de payer le prix ?

Les témoins auraient peut-être fait connaître, si déjà, avant les travaux de la Bièvre, il existait réellement une fosse, comme M. le préfet de la Seine a la bonté de le croire en 1847 ; ou si, au contraire, M. Lavocat n'a pas profité de ces travaux pour faire établir, par ses ordres particuliers et pour son avantage personnel, une fosse voûtée à la place d'un mauvais tonneau mobile, dont depuis longtemps se plaignaient ses locataires.

Tous ces faits, il ne faut pas l'oublier, présentaient, pour M. Lavocat, une question de délicatesse et de probité, se rattachant directement à la manière dont il avait usé ou abusé de l'influence que lui donnaient ses fonctions de conseiller municipal ; et, dès que ces faits se trouvaient compris dans l'articulation signifiée par M. de Boullenois, leur preuve ne pouvait pas être refusée sans une violation manifeste des articles 20 et 21 de la loi du 26 mai 1819.

Nous ne contestons pas aux magistrats de la Cour d'assises le droit et souvent le devoir d'intervenir dans le débat porté devant le jury, soit pour diriger ce débat et la preuve à laquelle les parties sont admises, soit pour décider les conflits incidemment élevés, soit même pour interdire les preuves expressément prohibées par la loi.

Mais les prohibitions de la loi ne portent que sur les faits de la vie privée ; et quand il s'agit d'un fait de la vie publique d'un fonctionnaire, quand le plaignant et le prévenu demandent tous deux que les témoins soient entendus, et quand surtout il s'agit d'un acte de malversation à l'occasion de travaux publics et de deniers communaux, il ne faut pas que l'on puisse dire que la magistrature est d'office intervenue pour étouffer la vérité.

La Cour d'assises est tombée dans une grande erreur, en considérant la preuve de tels faits comme défendue par l'art. 53, qui porte que « *le prévenu ne sera pas admis à faire entendre des témoins contre la moralité du plaignant.* »

Ce que le législateur appelle la moralité du plaignant, est ce qui tient à son caractère personnel, à ses habitudes, à l'ensemble et aux actes intimes de sa vie privée ; et c'est là une preuve et un avantage que le plaignant est autorisé à invoquer, sans que le prévenu et nul autre puissent offrir une preuve contraire.

Mais dès qu'il s'agit des actes et de la vie publique d'un fonctionnaire, des bénéfices illicites qu'il a pu retirer de sa qualité et de ses fonctions, la loi du 15 mai 1819 ne met aucun obstacle à l'admission de la preuve, quand d'ailleurs les faits ont été articulés dans le délai et dans la forme prescrits par l'article 21.

De tels faits ne sont étrangers aux points à juger que lorsqu'ils n'ont pas été articulés par les parties, car tout ce qui a été articulé constitue précisément un point à vérifier, un point à faire apprécier et à faire juger par le jury ; et c'est seulement par la preuve, c'est par l'audition des témoins appelés à déposer, que le jury peut être mis en état de se prononcer sur les points que les parties ont respectivement articulés.

M. de Boullenois a le droit de s'étonner, et peut-être le droit de se plaindre, de ce que l'arrêt incident de la Cour d'assises porte qu'il aurait lui-même avoué *« que les témoins produits n'avaient connais-« sance que de faits autres que ceux retenus en l'arrêt de renvoi, »* car M. de Boullenois n'a rien ajouté aux conclusions qu'il a prises (1), et qui se trouvent jointes aux pièces de la procédure ; et la Cour d'assises a bien mal compris le sens et les termes de ces conclusions, si elle a cru pouvoir y trouver aucun aveu quelconque.

Cet aveu et sa mention sont d'ailleurs parfaitement insignifiants, en présence d'un arrêt de renvoi qui ne relate, qui n'articule, et qui ne retient, par conséquent, aucun des faits diffamatoires à raison desquels M. Lavocat avait porté plainte ; et c'est précisément parce que les faits diffamatoires, c'est-à-dire les faits à prouver, ne se trouvaient pas articulés dans l'arrêt de renvoi, que cet arrêt ne pouvait servir de règle ni pour la poursuite, ni pour la preuve.

En résumé, M. de Boullenois a été poursuivi en vertu d'un arrêt de renvoi tellement irrégulier que la loi le déclare nul. Or, un acte irrégulier et nul ne peut pas servir de base à une procédure devant la Cour d'assises, et un acte irrégulier et nul ne peut surtout pas être opposé aux droits de la défense.

---

(1) Ces conclusions sont ainsi conçues :

« Attendu qu'en articulant que Lavocat aurait profité de sa position de membre du conseil municipal de Paris pour obtenir de la ville de Paris, par un contrat de cession de sa propriété sur la Bièvre, des conditions plus avantageuses que celles qu'il aurait obtenues comme simple particulier, M. de Boullenois a le droit, comme prévenu, de prouver la vérité des faits qu'il reproche à Lavocat, quelle que soit leur date ;

« Attendu que les témoins sont appelés pour établir que Lavocat a fait exécuter et payer par la ville de Paris, en vertu d'un traité passé avec elle, des travaux qui lui ont profité exclusivement ;

« Aux termes de la loi du 26 mai 1819, plaise à la Cour admettre lesdits témoins. »

Sous l'un et l'autre rapport, la Cour d'assises des Ardennes a violé les principes généraux du droit, et le texte de la loi du 26 mai 1819, et la Cour suprême n'hésitera pas à casser une décision qui a empêché la preuve d'un fait, dont la vérification intéressait tout à la fois la morale publique, l'honneur du plaignant et l'honneur du prévenu.

R. MARTIN (de Strasbourg),
Avocat à la Cour de Cassation.

www.ingramcontent.com/pod-product-compliance
Lightning Source LLC
Chambersburg PA
CBHW060604050426
42451CB00011B/2076